Rosana Pulga, fsp

BEABÁ DA BÍBLIA

Uma introdução à visão global

Paulinas

18ª edição – 2010
9ª reimpressão – 2025

Revisado conforme a nova ortografia.

Direção-geral: Bernadete Boff
Coordenadora editorial: Noemi Dariva
Gerente de produção: Felício Calegaro Neto
Capa: Fábio Sgroi

Cadastre-se e receba nossas informações
paulinas.com.br
Telemarketing e SAC: 0800-7010081

Paulinas
Rua Dona Inácia Uchoa, 62
04110-020 – São Paulo – SP (Brasil)
(11) 2125-3500
editora@paulinas.com.br

INTRODUÇÃO

Estas páginas foram pensadas para você que busca conhecer melhor a Bíblia: seu contexto, seus personagens e sua história. Foram escritas, também, para ajudar os líderes das várias pastorais de uma diocese ou paróquia, como por exemplo: escolas bíblicas paroquiais, catequistas, comunidades eclesiais de base, círculos bíblicos, grupos de jovens e outros.

Muita gente tem a Bíblia em casa, mas não a abre, não a lê, e por isso não pode encontrar, na experiência do Povo de Deus, o sabor da luta e da fé.

Mas quem a abre pode espelhar nela sua própria vida e alimentar-se do pão da Palavra. Embora a Bíblia seja o livro mais conhecido do mundo, mesmo assim para muita gente ela continua sendo um livro desconhecido.

A Bíblia é um livro que inspira muita curiosidade:

De onde ela vem? Quem a escreveu? Quando? Tudo o que está na Bíblia é Palavra de Deus? Como tirar a mensagem? E Jesus, como leu a Bíblia? Estas geralmente são as primeiras perguntas que surgem na mente dos que querem conhecê-la.

PRIMEIRO ENCONTRO

UM LIVRO QUE FALA

Como ler um texto da Bíblia Sagrada?

O primeiro passo para conhecer a Palavra de Deus que está na Bíblia é ler a própria Bíblia.

Você tem *sete chaves* que abrem a "casa" da Bíblia de forma libertadora, agradável e correta. Estas "chaves" são fáceis de lembrar, pois elas estão simbolizadas em seu próprio corpo.

O Apocalipse, no cap. 5, fala de um livro fechado com *sete selos*. O visionário do Apocalipse chora porque ninguém é capaz de abrir, de ler e de explicar o livro. Mas os seres vivos e os anciãos entoam um cântico a Jesus Cristo, Senhor da história, o único capaz de abrir o livro e desvendar seus mistérios. Certamente este livro é o livro da história da humanidade e nela está também a história do Povo de Deus e a nossa. E tanto a Bíblia quanto a vida devem ser lidas a partir de Jesus, Cristo e Senhor.

As sete chaves

(Adaptação da dinâmica extraída do livro *O caminho de Israel*, J. Saravia, Paulinas, 1993).

Com as *sete chaves* você encontra a Palavra de Deus que está na Bíblia e na vida e entenderá melhor o sentido escondido atrás das palavras.

Pés bem plantados na realidade. Para ler bem a Bíblia é preciso ler bem a vida. Conhecer a realidade pessoal, familiar e comunitária do país e do mundo. É preciso conhecer também a realidade na qual viveu o Povo da Bíblia. A Bíblia não caiu do céu prontinha. Ela nasceu das lutas, das alegrias, da esperança e da fé de um povo (ver Ex 3,7-10).

Olhos bem abertos. Um olho sobre o texto da Bíblia e outro sobre o texto da vida. O que fala o texto da Bíblia? O que fala o texto da vida? A Palavra de Deus está na Bíblia e está na vida. Precisamos ter olhos para enxergá-la.

Ouvidos atentos, em alerta. Um ouvido para escutar o clamor do povo e outro para escutar o que Deus quer falar.

Coração livre para amar. Ler a Bíblia com sentimento, com a emoção que o texto provoca. Só quem ama a Deus e ao próximo pode entender o que Deus fala na Bíblia e na vida. Coração pronto para converter-se.

Boca para anunciar e denunciar aquilo que os olhos viram, os ouvidos ouviram e o coração sentiu sobre a Palavra de Deus e a vida. Como posso me calar?

Cabeça para pensar. Usar a inteligência para meditar, estudar e buscar respostas para nossas dúvidas. Ler a Bíblia, e ler também outros livros que nos expliquem a Bíblia.

Joelhos dobrados em oração. Só com muita fé e oração dá para entender a Bíblia e a vida. Pedir ajuda ao Espírito Santo para entender o "espírito" da Bíblia. Não podemos fazer uma leitura ao pé da letra, porque a letra mata e o espírito vivifica, como adverte são Paulo (ver 2Cor 3,6).

Certamente descobriremos outras chaves, mas estas são indispensáveis.

É bom unir as chaves num chaveiro forte e firme. Este chaveiro é a família, o círculo bíblico, ou sua *comunidade*. A Bíblia lida em comunidade se torna mais fácil, mais proveitosa, mais agradável e um sinal da presença de Deus (ver Mt 18,20).

Curiosidades sobre a Bíblia

1. A Bíblia já foi escrita com capítulos numerados, como temos hoje?

Não. Nenhum livro da Bíblia foi escrito com capítulos numerados. Quem teve a ideia de dividir a Bíblia em *capítulos* foi Estêvão Langton, arcebispo de Cantuária, professor na Universidade de Paris, em 1214 d.C.

2. Quem fez a divisão em versículos?

Em 1551 Robert Etiene, redator e editor em Paris, fez a experiência dividindo o NT de língua grega em *versículos*.

Teodoro de Beza gostou da ideia e em 1565 dividiu toda a Bíblia em versículos.

3. Por que eles dividiram assim os livros da Bíblia?

Eles fizeram isso por dois motivos: facilitar as citações dos textos bíblicos e encontrar rapidamente os textos citados.

4. Como a gente encontra na Bíblia os capítulos e os versículos?

Na citação, *capítulo* é o número que vem antes da vírgula, e *versículo* é o número que vem depois da vírgula indicando onde começa e onde termina. Exemplo: Gn 11,1-9, isto significa que você deve procurar o livro do Gênesis capítulo 11, versículos de 1 a 9. Na Bíblia, o capítulo é escrito em algarismo grande e o versículo em algarismo pequeno. Repare, também, a *abreviatura* do livro do Gênesis (Gn). Você deve aprender de memória as abreviaturas. Veja a lista no início de sua Bíblia.

5. *Quem traduziu pela primeira vez toda a Bíblia e quando ela foi impressa assim como a temos hoje?*

A primeira tradução, e a mais famosa, da Bíblia para o latim é a de são Jerônimo, conhecida como *Vulgata* (do latim = a divulgada). Isto aconteceu por volta do ano 400 d.C., a pedido do Papa Dâmaso. Na verdade, a primeira tradução da Bíblia foi a tradução da Bíblia hebraica (dos judeus) para o grego, conhecida como tradução dos LXX (70), muito usada na época de Jesus e das comunidades.

5. E antes de surgir a imprensa, como a Bíblia se apresentava?

De diversas formas: em pedaços de papel vegetal; em rolos de pergaminhos (couro de animal); em papiro (espécie de papel vegetal) e em "folhas".

6. A Bíblia de edição protestante é diferente das Bíblias de edições católicas?

O *Novo Testamento* é igual para todos.

O *Antigo Testamento* na Bíblia de edição católica tem sete livros a mais: Estes livros são: Tobias; Judite; 1º e 2º Livro dos Macabeus; Sabedoria; Eclesiástico; Baruc, que são da tradução grega.

7. O que querem dizer as palavras exegese e hermenêutica?

A palavra "exegese" é um termo grego para explicar o trabalho que fazem os estudiosos na análise de um texto bíblico. Significa "tirar de dentro" tudo o que o texto diz. O texto é como um tecido entrelaçado por fios diferentes. A exegese dedica-se ao estudo do tecido bíblico.

A palavra "hermenêutica" também é uma palavra da língua grega e significa o trabalho de encontrar a mensagem que está escondida por trás das palavras e aplicá-la ao hoje.

O povo aumenta, mas não inventa

Como foi que a Bíblia chegou até nós?

Esta é uma pergunta que muitos se fazem. A Bíblia antes de ser escrita foi vivida, e depois foi contada pelos pais e mães aos filhos. De geração em geração. Veja os Salmos 44; 78,3-4; 145,4; Ex 10,2. Este período, que durou aproximadamente 900 anos, chama-se *Tradição Oral*.

A Bíblia começou a ser escrita durante o reinado de Salomão, por volta do ano 950 a.C. Hoje, por respeito à cultura judaica, alguns já preferem chamar o Antigo Testamento de Primeiro Testamento. O Antigo Testamento ficou pronto por volta do ano 50 a.C., e o Novo Testamento no final do I século. Portanto, a *Tradição Escrita* durou aproximadamente outros 900 anos. Como mãe, que gesta seu filho na intimidade oculta, e no entanto lhe fala... Assim Deus agiu com seu povo.

Oração. Vamos rezar o Sl 44. É um Salmo de súplica coletiva em tempos difíceis. Procuremos entender a consciência da luta e da esperança que está escondida nesta oração. Rezando, *o Povo da Bíblia faz a memória de sua história.*

Depois de rezar este Salmo, o que gostaríamos de dizer a Deus e de lembrar da nossa história?

SEGUNDO ENCONTRO

A BIBLIOTECA DA BÍBLIA

A divisão da Biblia

A Bíblia está dividida em duas grandes partes:

* O *Antigo Testamento*, que se abrevia **AT**, contém os livros que narram a história do Povo da Bíblia e foram escritos antes de Cristo (a.C.). Correspondem à primeira etapa, ou seja, Primeira Aliança.

* O *Novo Testamento*, que se abrevia **NT**, contém os livros que narram a vida de Jesus e das primeiras comunidades cristãs. Contam a história do novo Povo de Deus e foram escritos depois de Cristo (d.C.). Correspondem à segunda etapa, ou seja, Nova Aliança.

Uma biblioteca diferente

A palavra Bíblia vem da língua grega e indica o conjunto de muitos livros. De fato, a Bíblia é uma biblioteca de 73 livros de épocas, autores e estilos diferentes (veja o desenho e repare as diferentes estantes).

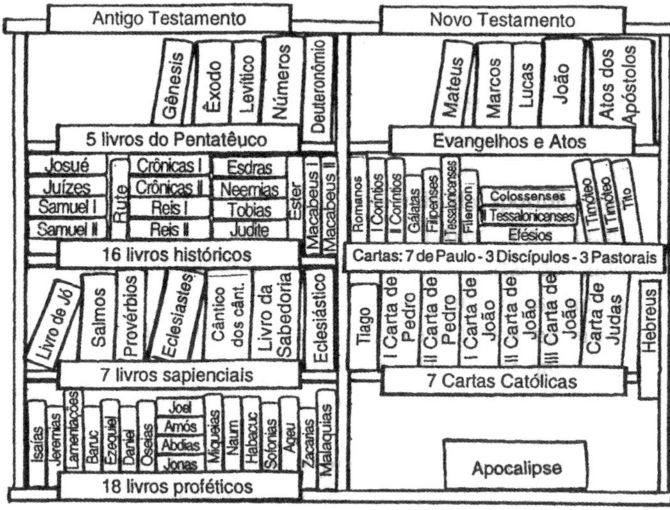

Nota: A divisão da Bíblia Hebraica é um pouco diferente e mais lógica:

A lei = Pentateuco

Profetas — Anteriores = Livros Históricos
Profetas — Posteriores = Profetas

Escritos = livros de: Salmos, Jó, Eclesiastes, Provérbios, Daniel, Lamentações, Ester, Ruth, 1-2 Crônicas, Esdras, Neemias e Cântico.

O Antigo Testamento contém **46** livros;

O Novo Testamento contém **27** livros;

Total **73 livros.**

Abra a sua Bíblia no índice e vamos conhecer o nome de todos os livros e de cada estante.

Antigo Testamento

O Pentateuco – Os primeiros cinco livros do AT são chamados *Pentateuco*. É uma palavra da língua grega que significa *cinco livros*. Eles contêm a Lei da Primeira Aliança. Eles são chamados também de **TORÁ** (= **Lei**). São eles:

* ***Gênesis*** (abreviado Gn) = *origens*. O povo faz suas reflexões sobre perguntas existenciais, como: Quem somos? Por que estamos neste mundo? Por que existe maldade? Onde está Deus? E reflete também sobre as origens de sua história como Povo de Deus a partir da consciência que eles têm do Deus que é fiel e caminha com eles.

* ***Êxodo*** (Ex) = *saída*. Reflete sobre a saída do povo hebreu do Egito sob a liderança de Moisés, Aarão e Miriam.

* ***Levítico*** (Lv) = *levita*. Traz reflexões e leis referentes ao culto, aos servidores do culto (os **levitas**) e às obrigações dos sacerdotes do Povo da Bíblia.

* ***Números*** (Nm) = *lista*. Este livro começa contando o número dos habitantes de Israel. Faz um recenseamento.

* ***Deuteronômio*** (Dt) = *segunda lei*. Traz as reflexões sobre a releitura da lei e sua nova proclamação. Faz um convite a uma vida de conversão e penitência.

Livros históricos – São 16 os livros *históricos* e narram a história da formação do Povo da Bíblia com a vida, nome, lutas e a fé de seus heróis e do próprio povo.

Em nossa Bíblia, continuamos a examinar as diferentes estantes e a guardar na memória os nomes dos livros.

Livros sapienciais – São sete os livros *sapienciais* ou de *sabedoria*. Nesses livros encontramos reflexões e expressões de sabedoria, poesias, cantos, orações, hinos, provérbios nos quais o povo registra seus sentimentos e expressa sua sabedoria tirada da experiência da vida.

Livros proféticos – São 16 os livros *proféticos*. Estes livros trazem a mensagem, a ação e alguns dados sobre a vida dos profetas. Entre eles estão outros três livros: o livro das Lamentações, o livro de Baruc que têm uma marca profética, e Daniel, de cunho apocalíptico.

Novo Testamento

Também os livros do NT nascem nas comunidades. Os apóstolos e discípulos não tinham gravador, filmadora etc. para gravar as palavras e os gestos de Jesus. E ele não deixou nada escrito. Os Apóstolos foram transmitindo através da *palavra, cartas e bilhetes* o que Jesus fez e ensinou. E davam conselhos de como continuar a *missão*. Mais tarde as comunidades começaram aqui e acolá a escrever esta *pregação* que começou a se chamar de **Evangelho**. Não podemos nos esquecer que Paulo foi o primeiro a escrever.

Os evangelhos – São quatro os evangelhos: Mateus (Mt), Marcos (Mc), Lucas (Lc) e João (Jo). *Evangelho* é uma palavra da língua grega e significa BOA NOVA, BOA-NOTÍCIA. Os evangelhos, portanto, trazem aquilo que as diferentes comunidades guardaram e refletiram sobre Jesus – *Boa-Nova do Pai e Boa Notícia da Salvação* –, sua pessoa, seus ensinamentos e suas atitudes. Assim temos quatro narrativas diferentes.

Mateus, Marcos e Lucas são também chamados de *evangelhos sinóticos* porque colocados em colunas paralelas se pode perceber muita semelhança entre eles (ver Mc 3,1-4; Mt 12,9-14; Lc 14,1-6). Já o estilo do evangelho de João é diferente.

Atos dos Apóstolos (abreviado At) – Este livro narra sobretudo a reflexão de Lucas sobre os atos dos Apóstolos, mas especialmente de Pedro e de Paulo. Descreve, também, um pouco da organização e das dificuldades de algumas das primeiras comunidades cristãs e reflete sobre isso com o olhar de Deus. É assim que nos **Atos** está muito presente a *ação do Espírito Santo*. Ele é a força e a alegria profunda dos Apóstolos e das comunidades.

Cartas – *(Continuar olhando na Bíblia como se abrevia cada uma das cartas).*

Cartas de Paulo – Hoje os estudiosos atribuem, com certeza, apenas sete cartas a Paulo: Romanos,

1 e 2 Coríntios, Gálatas, Filipenses, 1 Tessalonicenses e Filemon. As cartas aos Efésios, Colossenses e a 2 Tessalonicenses pertencem a discípulos de Paulo. Nessas cartas encontramos um pouco da vida do apóstolo, sua pregação, seu trabalho, sua missão, problemas e orientações na organização das comunidades. As cartas de Paulo são mais antigas que os evangelhos. O *primeiro* escrito do Novo Testamento é a primeira carta aos Tessalonicenses. Paulo morreu entre os anos 64 e 68 d.C., antes que fosse escrito o primeiro evangelho, o de Marcos.

As cartas chamadas ***pastorais*** – por se dirigirem aos líderes, ou seja, "pastores" das comunidades – são a primeira e a segunda a Timóteo e a carta a Tito.

As cartas chamadas ***católicas*** – porque não se dirigem nem a uma comunidade e nem a um líder, mas a todas as igrejas cristãs (católico significa universal) – são a carta de Tiago, a de Judas, as duas cartas de Pedro, e as três cartas de João.

A "carta" aos ***hebreus*** é de autor desconhecido. Essa carta faz uma reflexão teológica sobre Jesus Cristo, o grande sacerdote, mediador entre Deus e o povo. Tem o estilo de uma pregação e não de uma carta.

O Apocalipse (abreviado Ap) – É um livro que reflete sobre a presença de Jesus na história e na vida das comunidades em tempo de perseguição. Jesus é o *Senhor*, o *Dono* da história. A palavra *apocalipse* é da língua grega e significa *tirar o véu, revelação*. É a revelação de Jesus e das comunidades que esperam na vitória de Deus. O Apocalipse é o último livro da Bíblia.

O QUE FICOU NA MEMÓRIA

1. Que significa a palavra Bíblia?

2. Quantos são os livros da Bíblia?

3. Como se chamam as duas grandes divisões dos livros da Bíblia?

4. Quantos e quais são os livros do Pentateuco?

5. Quantos e quais são os livros históricos?

6. Quantos e quais são os livros sapienciais?

7. Quantos e quais são os livros proféticos?

8. Que significa a palavra evangelho? Quantos são os evangelhos? Do que tratam?

9. Quais são os evangelhos sinóticos? Por que recebem esse nome?

10. Quantas são as cartas de Paulo e de que falam?

11. Que são cartas *pastorais?* E cartas *católicas?*

12. Sobre o que reflete a carta aos hebreus?

13. Que significa a palavra *apocalipse?* Do que trata o Apocalipse?

14. Como aparece a ação do Espírito Santo no NT?

O QUE FICOU NO CORAÇÃO

Que maravilha ter toda essa riqueza guardada de geração em geração até chegar às nossas mãos. Olhando para o Antigo Testamento, o que gostaríamos de dizer a Deus?

Olhando para o Novo Testamento, o que gostaríamos de dizer a Jesus?

Vamos fazê-lo numa oração espontânea, como numa conversa com Deus Pai, Filho e Espírito Santo.

TERCEIRO
ENCONTRO

O CAMINHO DE ISRAEL

O chão onde nasceu a Bíblia

A Bíblia nasceu no meio de um povo do Oriente Médio que morava perto do Mar Mediterrâneo. No tempo de Abraão se chamava ***terra de Canaã***, por causa dos cananeus que já moravam naquela terra. No tempo da formação do povo se chamou terra de ***Israel***. Bem mais tarde toda essa região recebeu o nome de ***Palestina***.

A Palestina era um famoso corredor de passagem para quem vinha do Oriente para o Ocidente, e ligava a Ásia com a África e a Europa. Foi para ali que Deus guiou o seu povo. Um povo que como tantos outros sofreu a influência de seus vizinhos. Do lado do Oriente: Assíria, Babilônia e Pérsia. Do lado do Ocidente: Egito, Grécia e Roma. Hoje a Palestina ocupa, no planeta Terra, uma área de aproximadamente 25 mil km^2 (ver mapa 1).

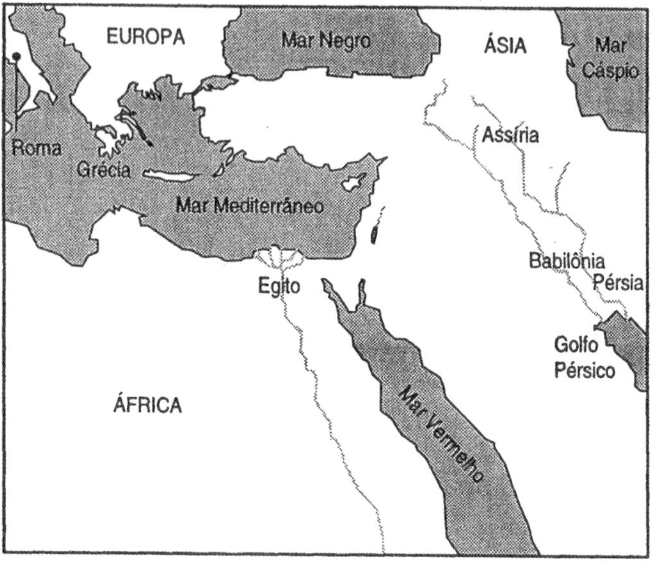

Mapa 1: Limites Geográficos

Que língua usavam?

À medida que foi se organizando, esse povo criou sua própria literatura na qual relata suas reflexões, costumes, lutas; fé e orações; erros e acertos. O Povo da Bíblia escreveu sua história em língua hebraica, aramaica e grega. Toda a sua literatura é inspirada na fé em Deus-Javé – *presença libertadora* – que lhes garante: "estarei sempre convosco" (ver Ex 3,12). Escreveram sua história para mostrar às gerações futuras o quanto Deus está presente no meio do povo e como ele vai manifestando quem ele é. Por isso a Bíblia mostra as relações de amor entre Deus e o seu povo (ver Dt 6,4-9).

Quem foram os pais e as mães?

Por volta do ano 2000 a.C. acontece uma grande migração da Mesopotâmia em direção ao Egito. Entre esses empobrecidos estão Abraão e Sara. Com Abraão e Sara se inicia a história do Povo da Bíblia. Abraão sai da Mesopotâmia em busca de uma nova terra (ver mapa 2). Guiado pela fé e pela esperança sai com sua família e vai até o Egito e retorna para morar na terra de Canaã. Isto acontece por volta do ano 1850 a.C. (ver Gn 12).

Em Canaã nascem os filhos e os netos. A família vai se multiplicando, vai se unindo a outros grupos de empobrecidos. Vão formando clãs e tribos (ver Gn 25).

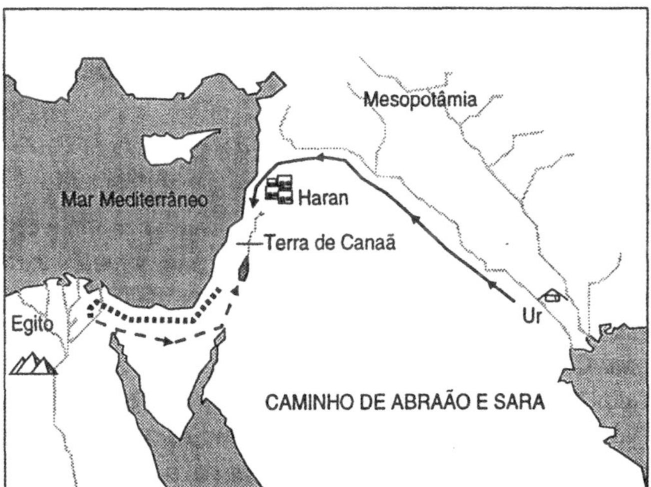

Mapa 2: Caminho de Abraão e Sara

Abraão, Isaac e Jacó são chamados de PATRIARCAS. Sara, Rebeca, Lia e Raquel são chamadas de MATRIARCAS. São os fundadores do Povo da Bíblia (ver Gn 29). Jacó é também chamado ISRAEL (ver Gn 32,23-33).

400 anos de escravidão

Sempre em busca de melhores condições de vida, muita gente muda para o Egito. Entre eles estão os descendentes dos Patriarcas e das Matriarcas como Jacó e sua família. No Egito são chamados de hebreus – (ver Gn 42). Com o passar do tempo vão se multiplicando e povoando o Egito. Os reis do Egito, chamados faraós, temendo que eles tomem conta do país, começam a escravizar os hebreus (ver Ex 1 e 2). Esta escravidão no Egito dura uns 400 anos.

De volta à terrinha da gente

Nasce entre eles a consciência da escravidão e começam a se organizar. E todo povo que se organiza para uma conquista tem um líder. Assim, surge entre eles *Moisés, Aarão e Miriam*, que chefiam o movimento de libertação. Com a ajuda de Deus, estes líderes encontram uma saída e fazem o povo fugir da opressão dos reis do Egito (ver Ex 3). Sob a liderança deles, o povo caminha 40 anos pelo deserto. Moisés morre antes de o povo entrar na terra prometida. A liderança passa para *Josué* que introduz o povo na terra de Canaã (ver Js 1 a 3). Este grupo de Moisés, ao longo da caminhada, se encontra com outros grupos, que também fizeram uma experiência semelhante: o grupo das montanhas, o grupo dos pastores, o grupo do Sinai (e provavelmente outros, como o grupo de Davi, mais tarde).

Josué organiza com eles a Assembleia de Siquém e todos decidem colocar em comum a experiência da opressão, a produção, as tradições e a fé num único Deus (ver Js 24). Mais tarde, essa experiência de libertação será celebrada com o nome de **Páscoa** (saída, passagem). Depois da morte de Josué, o povo, organizado em 12 tribos, é liderado pelos *Juízes*, mulheres e homens, chefes sábios e corajosos, que defendem o povo dentro de um sistema fraterno e igualitário: o *Sistema Tribal*. O último dos juízes é *Samuel*.

O QUE FICOU NA MEMÓRIA

1. Como se chama a terra onde nasceu o Povo da Bíblia?

2. Esta terra teve também outros nomes. Quais? E por que é tão famosa?

3. Por que o Povo da Bíblia escreve sua história? Em que línguas a escreve?

4. Como se chamam os primeiros pais e mães do Povo da Bíblia? Quais são os nomes de cada um deles?

5. Por que os descendentes de Jacó vão para o Egito?

6. Por que os faraós escravizam os hebreus? Quantos anos durou esta escravidão?

7. Quem chefia o movimento de libertação? E quem leva o povo de volta para a terra de Canaã?

8. Quatro grupos de oprimidos entram na formação do Povo da Bíblia. Quais são? O que eles colocaram em comum?

9. Com que nome Deus se apresenta? Qual é o significado deste nome?

10. Como se chama a maior festa da libertação?

11. Quem eram os juízes? E como se chamava o sistema político que eles defendiam?

O QUE FICOU NO CORAÇÃO

Oração. Depois deste estudo, o que é que gostaríamos de dizer a Deus numa oração espontânea? Rezar o Salmo 78 (77).

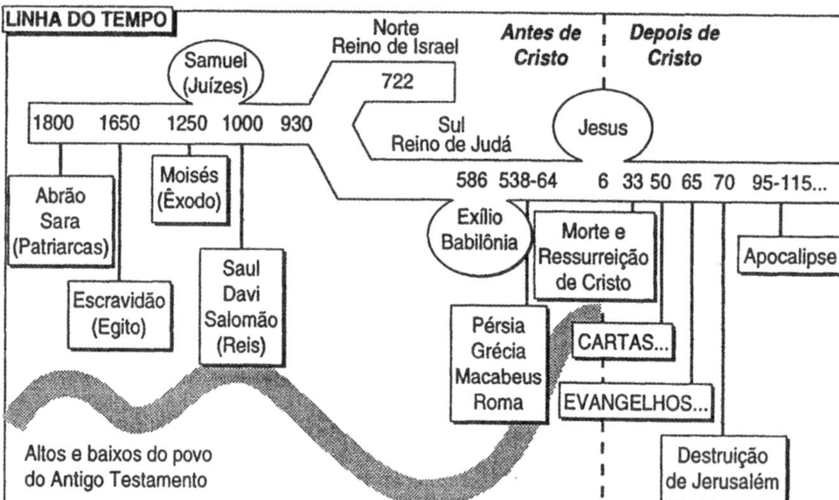

Este estudo pode ser completado com vídeos:
Bíblia ontem e hoje, uma história de vida e fé (AT); O Evangelho vivo (NT) - Paulinas

QUARTO ENCONTRO

O CAMINHO DOS REIS

Os primeiros reis

O povo hebreu começa a invejar o sistema dos outros povos e pede para Samuel que lhe dê um rei (ver 1Sm 8,1-22). Samuel alerta o povo para os perigos da monarquia. Os primeiros reis de Israel são: *Saul, Davi* e *Salomão. Saul* é o primeiro rei. Seu governo é muito breve, de transição (ver 1 Sm 10 e 11). O segundo rei é *Davi.* A Bíblia diz que ele governou segundo o coração de Deus, mas peca também (ver 2Sm 5,1-4 e 12,1-13). O terceiro rei é *Salomão,* filho de Davi (ver 1Rs 1). Ele constrói o palácio e o templo. Chama à corte sábios para que comecem a escrever a história do povo de Israel (rever as pp. 7, 8 e 9). *Salomão* é um rei sábio e orgulhoso. Contrai muitas dívidas à custa do povo. Para sustentar seu trono faz aliança com os reis vizinhos e casa-se com muitas mulheres estrangeiras. Assim começou a introduzir em Israel a *idolatria* (ver 1Rs 11,1-12) e o *Sistema Tributário* (ver 1Rs 5,1). Com a morte de Salomão, por volta de 930 a.C., o reino de Israel é dividido em dois: ao Norte com o nome de ***Israel*** e ao Sul com o nome de ***Judá*** (ver 1Rs 12,12-24).

O reino do Norte/Israel se desenvolveu rapidamente. É formado pelas dez tribos que se apegam mais às tradições de Moisés. O primeiro rei do Norte é Jeroboão (ver 1Rs 11,26-40). O reino do Sul/Judá é constituído pela tribo de Benjamin e Judá, da qual recebe o nome. O reino do Sul se apega mais às tradições do rei Davi.

Mas as grandes potências da época não deixam o Povo da Bíblia em paz.

O reino de Israel

O reino do Norte não resiste por muito tempo. Seus reis exploram o povo. Fazem coligações com outros reis e lhes pagam altos tributos. Constroem santuários para as divindades (Baais) e colocam bezerros de ouro, símbolos da força, como representação de Javé-Deus. Assim, os reis de Israel levam o povo ao pecado da idolatria e quebram a Aliança com Javé. Por volta do ano 722 a.C. a ***Assíria***, querendo expandir seu império e castigar Israel, que não queria mais lhe pagar impostos, invade o reino do Norte e toma posse daquela região. A classe alta é deportada para a Assíria. Israel desaparece tornando-se província da Assíria (ver 1Rs 17,7-18). Alguns conseguem fugir para o Sul levando consigo os "escritos" que já possuem.

O reino de Judá

O reino do Sul/Judá, que pretende ficar fiel a Davi, também comete muitos pecados. Apesar da ação dos ***profetas*** os reis de Judá quebram a Aliança com Deus, introduzem a idolatria e desobedecem aos Mandamentos (ver 2Rs 21,10-16). Mais ou menos 150 anos depois da destruição de Israel, o império da ***Babilônia*** vence a Assíria e começa a exercer seu domínio sobre Judá. Os reis lutam para sustentar o reino do Sul e reagem contra as invasões do império Babilônico.

Num primeiro tempo, o rei e sua família são presos e levados para a Babilônia. Num segundo tempo a Babilônia invade Jerusalém, destrói o templo e a cidade (ver 2Rs 25,8-12). Os babilônios levam os dirigentes e boa parte da população para a Babilônia, onde permanecem uns 50 anos (587 a 538 a C.). É o tempo do EXÍLIO. Este é o período mais duro da história do Povo de Deus, pois perdem sua própria identidade. Porém, é também o período mais rico de sua fé e do reconhecimento de quanto Deus os ama (ver Sl 137; Ez 37,1-14).
Mas a Babilônia, por sua vez, é vencida pela ***Pérsia***. Ciro, o rei dos persas, deixa o povo Judeu voltar para a sua terra, porém o mantém sob seu domínio político.

Em 333 a.C. a Palestina toda é conquistada pelo general grego, Alexandre Magno, rei dos macedônios. Com a morte de Alexandre seus três generais dividem entre si o grande império grego.

De 177 até 163 a.C. os judeus passam por outro período de grande provação e perseguição debaixo do domínio grego e egípcio. É a época dos defensores da fé – o período dos macabeus (ver 2Mc 7,1-41) e da expansão da cultura grega.

No ano 63 a.C. Pompeu, general do exército romano, invade a Palestina e a reduz a uma província romana.

Um caminho de resistência

Nessa longa caminhada, o Povo da Bíblia cria sua resistência popular através da sabedoria do povo. São histórias populares, novelas como: Rute, Judite, Ester, Jonas. São ditados populares como: Provérbios, Eclesiástico. São reflexões profundas diante do sofrimento do justo, como o livro de Jó e muitos Salmos. É a luta pela dignidade da mulher e do próprio povo, como nos mostra o Cântico dos Cânticos. São orações, hinos, cantos e poemas, para guardar na memória como se constrói a história do povo.

Nessa situação de frustração e sofrimento o povo sente ainda mais viva a esperança de um ***Messias***. Um novo Davi, que venha para governar com justiça e salvar o povo de tanta opressão (ver Is 42,1-9).

Os livros que foram escritos desde o tempo de Salomão, de 930 a.C. até aproximadamente 50 a.C., formam o Antigo Testamento.

O QUE FICOU NA MEMÓRIA

1. Como se chamam os primeiros reis do Povo da Bíblia?

2. Qual é o pecado de Davi?

3. Quem é Salomão e o que fez?

4. Como se chamam os dois reinos depois da divisão?

5. Quantas tribos formam o reino do Norte e quantas o reino do Sul?

6. Como se comportam os reis de Israel e de Judá?

7. Como se chamam os povos que dominam o Povo da Bíblia?

8. Que é o "Exílio na Babilônia?" Em que ano acontece e quanto tempo dura?

9. Qual é a nova esperança que nasce nesse período de grande sofrimento e frustração?

10. Quem é Ciro? O que fez?

11. A monarquia foi um sistema de governo positivo?

12. A Bíblia foi escrita de uma só vez?

O QUE FICOU NO CORAÇÃO

Oração. Depois deste estudo, o que gostaríamos de dizer a Deus numa oração espontânea?

Rezar o Sl 145 (*em algumas Bíblias é o 144)*, depois repetir pausadamente o versículo que mais nos falou.

QUINTO ENCONTRO

O CAMINHO DOS PROFETAS

Nome de Deus em Hebraico

A Aliança

A maior demonstração de amor entre duas pessoas ocorre quando elas decidem fazer aliança, isto é, comprometer-se uma com a outra a ponto de cada uma buscar a felicidade da outra. O anel é símbolo de comprometimento de ambas as partes. Por isso nós costumamos chamar de aliança o anel de casamento. Deus faz *Aliança* com seu povo e promete buscar sua felicidade. E Deus espera do seu povo fidelidade total. Ao longo da caminhada o povo percebe que o amor de Deus "é forte, como a morte!" E que as águas das dificuldades jamais poderão apagá-lo (ver Ct 8,6-7).

Porém, o povo falhou muitas vezes. Foi infiel. E, no entanto, Deus permanece sempre o mesmo. Cheio de misericórdia acolhe outra vez o seu povo. O livro do Êxodo nos conta como Deus celebrou essa Aliança com seu povo depois que atravessou o deserto e chegou ao monte Sinai. Aí Deus revelou o seu grande amor (ver Ex 19,1-8 e 20,1-21).

Esta palavra "Aliança" recebeu outras traduções, como: "pacto", "testamento" etc. É são Paulo quem vai chamar as Sagradas Escrituras de "Antigo Testamento" (ver 2Cor 3,14).

O ***Código da Aliança*** mostra as dificuldades enfrentadas pelas tribos, no seu esforço de viverem a justiça (Ex 19-23).

A espiritualidade da Aliança

A Bíblia diz que Deus viu a aflição do seu povo, ouviu seus clamores e desceu para libertá-lo (ver Ex 3,7). Fala também que o Povo da Bíblia atribuía a libertação à luta e à fé de Moisés, Miriam, Aarão e Josué (ver Ex 3,10-12). A libertação é fruto do amor de Deus, da sua vontade de libertar seu povo. A libertação continua a obra da criação.

> *"Eu sou Javé, teu Deus",*
> *que te fez sair do Egito,*
> *da casa da escravidão!"* (Ex 20,2).

Os profetas gostam de recordar este amor de Deus para com seu povo como o amor de um esposo para com sua esposa (ver Os 2,21-22), ou como mãe carinhosa (Os 11,3-4) ou como um filho querido (Jr 3,19). Assim, o Povo da Bíblia vai descobrindo, cada vez mais, quais são os laços que o ligam a Deus e dizem: "de verdade, Deus nos ama!". Em vez de aliar-se a poderosos impérios, fazem Aliança com o próprio Deus (Jr 32,38-41). Fazer aliança significa assumir um compromisso de *fidelidade total*. A espiritualidade da "Aliança" perpassa toda a Bíblia e toda a vida.

O caminho dos profetas

Apesar de entender estas coisas o povo é, muitas vezes, infiel à Aliança. Sobretudo os reis, os chefes do povo, levados por desejos ambiciosos desobedecem à Lei de Deus, introduzem a idolatria, a opressão e a injustiça. Caem no pecado. Correm atrás de outros amores (Os 2,7. 15; 4,1-3).

Aí surgem aqueles homens e mulheres corajosos e sábios, muito ligados a Deus e ao povo, chamados *profetas*. Os profetas criticam sobretudo os reis em nome da Aliança. Eles falam em nome de Deus. Eles defendem o projeto de Deus. Por isso os profetas chamam a atenção dos reis e também do povo quando estes enveredam pelos caminhos do mal. Eles conclamam à conversão, à mudança de vida e de sistema. Eles advertem: *se continuarem assim as coisas irão de mal a pior* (ver Am 8,4-8; Jn 1,2-3; Is 62,1).

Mas a missão principal dos profetas é manter viva a esperança no coração do povo. Por isso eles não só ameaçam e fazem ***denúncias*** contra o abuso do poder ou contra o sistema tributário que destrói a vida do povo. Em tempos difíceis, de grande sofrimento e exploração, são eles que falam de esperança:

"Alegrem-se...".
Fortaleçam as mãos cansadas,
firmem os joelhos cambaleantes;
digam aos corações desanimados:
'Sejam fortes! Não tenham medo!'
Vejam o Deus de vocês: ele vem para salvar
vocês" (ver Is 35,1-5).

Eles ***anunciam*** a misericórdia e a compaixão de Deus. Fazem ver ao povo que Deus é a fonte inesgotável do amor e da justiça. Eles consolam o povo nos momentos duros de aflição (ver Is 40,1-11; 51,12; Jl 2,12-14; Jr 14,7-9 e em muitas outras passagens).

Eles leem a história, o presente, os fatos com outros olhos. Daí provocam uma releitura crítica.

A ação dos profetas é a expressão mais pura e profunda da resistência e dos anseios do povo. Por isso o Povo da Bíblia recorda com carinho a memória viva de seus profetas, por exemplo: Hulda (2Rs 22,14-17), Elias, Oseias, Isaías, Jeremias, Amós, Ezequiel, João Batista, Ana, JESUS e tantos outros. E, apesar de suas infidelidades, o povo vai descobrindo a pedagogia de Deus que como esposo fiel ama e educa sua esposa para a fidelidade.

Bíblia. Sob este nome se agrupam 46 livros do AT e 27 do NT. Os 46 livros do AT trazem a expressão da ***Aliança*** de Deus com Israel seu povo, e os 27 livros do NT, escritos após a vinda de CRISTO, trazem a expressão da Nova Aliança (rever o desenho da biblioteca na p. 12). De fato, a "Bíblia é um livro feito em mutirão". Todos os escritos que mais tarde vão formar um só livro – a Bíblia – foram antes tradições orais ou escritos que se conservaram no meio das tribos, grupos, ou comunidades de fé judaico-cristãs. É claro que bem antes desses escritos, e ainda hoje, Deus nos fala pela ***vida***. A *vida* vem antes da *Bíblia*. Por isso, tanto o Antigo quanto o Novo Testamento, antes de serem escritos foram vividos e contados pelos pais e mães aos filhos, e de comunidade em comunidade. Diz santo Agostinho: "Deus escreveu um primeiro livro: a ***natureza***. Como o ser humano não conseguiu mais ler os sinais de Deus através da natureza, ele nos deu um segundo livro: a ***Bíblia***". A Bíblia nos foi dada, então, para iluminar, interpretar e dar sentido à vida.

Os mandamentos – caminho da felicidade

Depois de celebrar a Aliança com Deus, o povo acolhe os *dez mandamentos*, ou seja, as *dez palavras*. Nessas dez palavras está bem claro o caminho da felicidade. Podemos encontrar esse texto no livro do Êxodo, capítulo 20, versículos de 1 a 17. Os *dez mandamentos* mostram ao povo que tipo de vida Deus quer daí para a frente. Deus quer vida para seu povo. Vida em abundância e não morte, e este é o projeto de Deus, bem oposto ao projeto do faraó. Deus detesta a opressão e todo tipo de atitude que provoca morte. E Jesus, que veio para realizar esse projeto, afirma: "Eu vim para que todos tenham vida" (ver Jo 10,10). Ele mesmo é o projeto do amor de Deus.

Os *dez mandamentos* são a expressão clara de uma sociedade fraterna e igualitária, aquela sociedade que as tribos tentaram construir na época dos juízes. Os *dez mandamentos* são o caminho da felicidade. Por isso o Povo da Bíblia os considera como *um presente de Deus.* O Salmo 119 manifesta o carinho que o povo tem pela Lei de Deus e pede sabedoria e força para não se desviar dela. A Lei de Deus é o caminho seguro para viver a Aliança e encontrar a verdadeira liberdade.

Uma nova comunicação

A história do Povo da Bíblia não é diferente da história dos outros povos daquele tempo. A diferença é que os outros povos não descobriram o que Israel descobriu: que Deus caminha com a gente e com a gente faz história. É claro que eles não teriam descoberto isso sem a ajuda de Deus. Foi ele quem tomou a iniciativa de se comunicar e dizer quem ele é: "Eu sou aquele que é. Aquele que é envia você e está com você" (ver Ex 3,11-15). Essa descoberta se chama REVELAÇÃO. E foi por causa dessa descoberta que o Povo da Bíblia guardou com respeito e amor as "*Palavras de Deus*" (Jr 15,16).

A grande comunicação de Deus

O povo vivia nas trevas, oprimido e explorado no meio de grandes agitações políticas. O povo desejava ardentemente um libertador. Alguém que viesse trazer esperança, justiça e paz. Então, "quando chegou a plenitude do tempo, Deus enviou seu Filho" (ver Gl 4,4). Jesus vem para comunicar o amor. Ele é a grande comunicação de Deus. Ele vem anunciar a Boa Notícia do Reino de Deus e se dirige especialmente aos pequeninos, aos pobres, aos pecadores, àqueles que a sociedade exclui (ver Mt 11,25; 1Cor 1,26-29). Jesus é a chave para entender toda a Escritura. É a Nova Aliança. É o começo e o fim da história. Por causa de seu compromisso e de sua prática morre numa cruz. Mas Deus Pai o glorifica ressuscitando-o. Assim, com a vida, Jesus vence a morte.

João Batista, que faz a ligação entre o Antigo e o Novo Testamento, apresenta Jesus dizendo: "Aquele que vem depois de mim é mais forte do que eu. E eu não sou digno nem de tirar-lhe as sandálias". E quando Jesus é batizado o Pai o apresenta como "Filho muito amado" (ver Mt 3,11.17). As comunidades do Novo Testamento viram em Jesus a realização das promessas de Deus a seu povo e disseram: "ELE ESTÁ NO MEIO DE NÓS!".

O QUE FICOU NA MEMÓRIA

1. Quem vem antes: a Bíblia ou a vida? Qual das duas é mais importante?

2. Qual é a diferença entre o Povo da Bíblia e os outros povos?

3. Como se chama a descoberta que o Povo da Bíblia fez?

4. Qual era o grande desejo do povo?

5. Por que Jesus é a grande comunicação do Pai?

6. O que quer dizer: "Deus fez Aliança com seu povo"?

7. O povo foi infiel à Aliança? E Deus, como se comporta?

8. Quem realiza a Nova Aliança?

9. Quantos são os Mandamentos de Deus? Quais são? (ver Ex 20,1-17).

10. Por que o Povo da Bíblia considera a Lei um presente de Deus?

11. Quem são os profetas?

12. Qual é sua missão? Recorde o nome de alguns profetas.

O QUE FICOU NO CORAÇÃO

Oração. Depois deste estudo, o que gostaríamos de dizer a Deus numa oração espontânea? Vamos rezar o Sl 119, 97-117 *(em algumas Bíblias é o 118).*

SEXTO ENCONTRO

O CAMINHO DE JESUS

Jesus em Hebraico

Já vimos como Deus foi se revelando ao povo no Antigo Testamento. Como ele o libertou da escravidão do Egito, o acompanhou carinhosamente durante toda a caminhada (ver Os 11,1-4), o introduziu na terra de Canaã. Depois deu sua lei como um caminho de felicidade e fez Aliança com seu povo esperando dele uma resposta de fidelidade. Mas essa resposta nem sempre foi dada. Então surgiram os profetas que lembravam aos chefes e ao povo o seu compromisso de fidelidade.

Jesus é a Boa Notícia

Assim, depois de ter falado por meio dos profetas, Deus quer chegar ainda mais perto do seu povo. Ele o faz através de Jesus, o seu Filho querido. O grande profeta de Deus! (ver Hb 1,1-4).

Jesus é o Filho de Maria de Nazaré e é também o Filho muito amado de Deus (ver Mt 3,17). Como pessoa humana, Jesus foi em tudo semelhante a nós, menos no pecado: egoísmo, fechamento em si, desprezo pelas pessoas, ganâncias e injustiças. No momento histórico do nascimento de Jesus, o Império Romano dominava a Palestina e a oprimia, exigindo dela altos impostos. O recenseamento era uma das conseqüências de tal injustiça. Maria e José, vítimas dessa situação, tiveram de viajar para Belém de Judá (ver mapa, a terra de Jesus, na contracapa). Em Belém eles não encontraram lugar para hospedar-se. Foram se abrigar numa gruta. Aí, numa manjedoura, onde se põe a comida dos animais, nasceu Jesus, o Filho de Deus.

Jesus veio para que Deus ficasse mais perto de nós!

Um novo reinado

Jesus inicia a sua missão dizendo: "O prazo já se esgotou. O Reino de Deus acabou de se aproximar. Convertam-se e creiam no Evangelho" (ver Mc 1,15). O Reino acabou de se aproximar, mas não de chegar. Teremos sempre de fazê-lo acontecer.

Começa um ***novo reinado*** – um Deus no meio de nós. Em Jesus, tudo é revelação daquilo que o anima por dentro! Chama discípulos e discípulas a segui-lo; consola quem está triste; acaricia as crianças; cura os doentes; perdoa os pecadores; ensina a rezar; acolhe os marginalizados; espalha bondade e paz; revela o rosto de Deus e proclama um novo mandamento: amar a Deus sobre todas as coisas e ao próximo como a si mesmo.

Prova de amor maior não há

Chegou a nós uma nova maneira de relacionar-nos. Apareceu a força de Deus para transformar todas as coisas. Acabou de se aproximar de nós o Reino de Deus na pessoa de Jesus! E esse poder real se manifesta basicamente no cuidado e na defesa dos pequenos e dos pobres. E essa ***revolução*** cria muitas tensões: com os doutores da lei; com os dirigentes do governo; com os chefes do templo.

Jesus vive e prega um Deus diferente e também uma prática diferente que eles não são capazes de aceitar. Por isso decidem matá-lo. Jesus é condenado à morte na cruz. A morte mais escandalosa e humilhante que um judeu podia imaginar. Jesus aceita essa morte por amor. E por essa grande prova de amor e de fidelidade, o Pai não o deixa na morte, mas o ressuscita e o glorifica de modo muito especial (ver Fl 2,6-11).

A ***Páscoa*** – memorial da Ressurreição de Jesus – é a maior festa do cristianismo. É a festa da vitória da vida (ver 1Cor 15,12-20).

A semente é lançada e se espalha

Jesus lançou a semente do Reinado de Deus; dos novos relacionamentos; da confiança no Pai do Céu; do perdão; da coragem e da fé; da partilha dos bens e do amor ao próximo; da conversão constante.

Depois do aparente fracasso, da morte na cruz, os apóstolos e as apóstolas de Jesus acreditam na Boa Notícia, testemunham e anunciam:

"JESUS RESSUSCITOU. ELE ESTÁ VIVO NO MEIO DE NÓS" – Verdadeiramente ele é o Messias, o Ungido de Deus, o Salvador, o Senhor!

Os seguidores de Jesus, fortalecidos pelo Espírito Santo, anunciam essa notícia aos quatro ventos. E esse anúncio se chama *Evangelho, Boa Notícia: **Jesus***. Então, Jesus é anunciado como Messias e Salvador. Juntamente com o anúncio vão nascendo as primeiras comunidades cristãs.

O caminho das primeiras comunidades cristãs

A Palavra de Deus faz caminho primeiro entre os judeus, depois abrindo fronteiras chega até os pagãos. Eles se reúnem para ouvir as Escrituras, isto é, a Lei e os profetas (ver Lc 24,27), ou seja: o Antigo Testamento. A partir da ressurreição de Jesus tudo se ilumina! Começam a enxergar a "novidade" que é Jesus. Vão surgindo as primeiras comunidades. Os seus seguidores começam a fazer o que Jesus fez e partilham entre si os seus bens e os seus dons. Pregam a Palavra, cuidam dos pobres, acolhem os peregrinos e sobretudo praticam a lei do amor (ver At 2,42-47). A Palavra faz caminho desde Jerusalém até os confins da terra (ver At 1,18). A Igreja (*ecclesia*) vai descobrindo, na vida concreta e nos acontecimentos da história, a ação do Espírito Santo, e se deixa conduzir por ele.

Para manter essas comunidades fiéis à proposta de Jesus, os apóstolos mandam cartas ou epístolas. Lendo os evangelhos e as cartas compreenderemos melhor quem é Jesus e o que ele quer de nós.

O QUE FICOU NA MEMÓRIA

1. Quem é Jesus?

2. Recorde alguma palavra ou gesto significativo de Jesus.

3. O que é o Reinado de Deus?

4. Qual é o novo ensinamento de Jesus?

5. A morte de Jesus foi um fracasso? O que ela significa para os cristãos?

6. Qual é a Boa Notícia que os apóstolos anunciam?

7. O que significa para os cristãos a ressurreição de Jesus? E qual é a maior festa do cristianismo?

8. Por que os cristãos interpretam as Escrituras com olhos novos depois da ressurreição de Jesus?

9. O que é que faz surgir a comunidade cristã?

10. Qual é a ação do Espírito Santo nas comunidades? E nos seguidores de Jesus?

O QUE FICOU NO CORAÇÃO

Oração. Depois deste estudo sobre Jesus e as primeiras comunidades, o que gostaríamos de dizer a Jesus numa oração espontânea? Rezar o pai-nosso.

SÉTIMO ENCONTRO

O CAMINHO DOS EVANGELHOS

Como nascem os evangelhos

Conforme já falamos, a Bíblia é um livro feito em mutirão. Tanto o Antigo como o Novo Testamento. Além dos apóstolos, certamente outras pessoas contribuíram para a formação dos evangelhos. Eles nascem da ***memória*** viva das comunidades (ver At 21,8; Ef 4,11).

Marcos – O evangelho de Marcos é o primeiro a ser redigido, por volta do ano 65 d.C. Marcos apresenta o Evangelho de Jesus, ***Filho de Deus*** (ver Mc 1,1). Foi escrito em língua grega popular. É o evangelho que narra os acontecimentos ainda muito próximos de Jesus de Nazaré da Galileia, que passou fazendo o bem a todos, e foi entregue à morte pelas autoridades civis e religiosas. Esse Jesus, que é o Filho muito amado de Deus, foi crucificado. A comunidade de Marcos reflete que somente os que seguem a Jesus pelo caminho da renúncia e da cruz vão saber quem é Jesus. Estes se tornam seus discípulos e suas discípulas e conhecerão o Filho de Deus.

Mateus – Mateus apresenta Jesus com o título de ***Emanuel***: "Deus conosco" (ver Mt 1,23). O Evangelho de Mateus foi escrito em língua grega, e ficou pronto entre os anos 70 e 80 d.C. A comunidade de Mateus reflete sobre as atitudes e ensinamentos de Jesus. Percebe que Jesus não é apenas o Messias que realiza as promessas do AT, mas vai mais longe. Ele refaz e realiza a esperança do povo. Ele realiza as obras da justiça. Ele é Deus no meio de nós! Assim, aquele que praticar a justiça e andar na lei do amor conhecerá a verdade e fará parte do Reino de Deus (ver Mt 5,17-20).

Lucas – Lucas apresenta o ***caminho de Jesus*** como um caminho que se realiza na história. Caminho que revela a misericórdia do Pai (Lc 15,3-7). O evangelho de Lucas foi escrito em língua grega e ficou pronto por volta dos anos 80-85 d.C. Ele é a primeira parte de uma obra. A segunda é os Atos dos Apóstolos, que continua o caminho da Igreja. A comunidade de Lucas reflete sobre o caminho de Jesus como um caminho que se realiza na história e que para percorrê-lo o Filho de Deus se encarna e entra na história como pessoa humana. Assim, Jesus traz para nós o Projeto de Deus que inicia um novo relacionamento a partir dos pobres, dos oprimidos e excluídos. Somente aquele que andar pelo caminho de Jesus que se faz na misericórdia, no perdão, na partilha encontrará o Filho de Deus e este o ressuscitará no último dia (ver Lc 15,11-32).

João – O evangelho de João, escrito em língua grega, é do final do primeiro século, 90-100 d.C. Ele é muito diferente dos outros três nos quais encontramos muitas palavras de Jesus e muitos milagres. Em João encontramos sete milagres de Jesus. Por isso ele é chamado: o *evangelho dos sinais*. Mas para o Povo da Bíblia o nº 7 tem significado *de plenitude*. Os sete sinais em João querem significar a plenitude da vida que Jesus veio trazer com sua vida, paixão, morte e ressurreição (ver Jo 10,10). Portanto, em João, Jesus é o ***caminho da vida***. A comunidade joanina reflete no grande sinal de vida plena que é o próprio Jesus. Ele é enviado pelo Pai para conquistar a vida em plenitude para todos os que acreditam que ele é o Filho de Deus, o ***Cristo***, que tem o poder de Deus para dar vida plena. Somente aquele que acreditar e realizar as obras da vida entrará na vida eterna. Cada um é livre para aceitar ou rejeitar o Cristo, Filho de Deus. Mas quem o aceitar terá a vida, e quem o rejeitar terá a condenação (ver Jo 8,23-26). O grande sinal dessas atitudes é o ***amor*** a Deus e ao próximo (ver Jo 13,12-17.34-35).

O QUE FICOU NA MEMÓRIA

1. Como nasceram os evangelhos?
2. Como Marcos apresenta Jesus?
3. Quais são as condições para ser discípulo e discípula de Jesus?
4. Como Mateus apresenta Jesus?
5. Que é preciso para entrar no Reino de Deus?
6. Como Lucas apresenta Jesus?
7. Como podemos participar do caminho de Jesus?

8. Como João apresenta Jesus?

9. Por que o evangelho de João é diferente dos outros?

10. Descubra no evangelho de João os sete grandes sinais.

11. Qual é o grande sinal da vida?

12. Grave na mente e no coração: Jo 15,17.

O QUE FICOU NO CORAÇÃO

Depois de concluir o estudo sobre o NT, especialmente os evangelhos, o que gostaríamos de dizer a Deus numa oração espontânea? Rezar o Cântico de Maria: Lc 1,46-55.

O caminho da oração

(Do livro *Com Jesus na contramão,* do frei Carlos Mesters, Paulinas, 1995)

Jesus foi um homem de muita oração. Os primeiros cristãos conservaram uma imagem de ***Jesus orante***. De fato, a respiração de Jesus era fazer a vontade do Pai (ver Jo 5,19). Sua oração era constante: "Eu, a cada momento, faço o que o Pai me mostra para fazer!" (Jo 5,19.30). Em muitas circunstâncias e sobretudo nos momentos decisivos, ou difíceis, Jesus entra em oração. Ele mistura sua vida com os Salmos, que, como todo judeu piedoso, conhecia de memória (ver Mc 14,34 e Sl 42,5.6; Mc 15,34 e Sl 22,2; Lc 2,46-50; 3,21; 4,1-2; 10,21; Mt 26,38; Mc 7,34; 10,16; Jo 17,1-26).

"A ***escola*** de Jesus era, antes de tudo, a vida em casa, na família, na comunidade. Foi lá que aprendeu a conviver, a rezar e a trabalhar. O povo rezava muito naquele tempo. Todos os dias, de manhã, à tarde e à noite. Até hoje se conservam aquelas orações. Desde criança, eles aprendiam os Salmos de memória. A mãe ou a avó os ensinava" (ver 2Tm 1,5; 3,15).

A oração que Jesus rezava todos os dias

* As 18 bênçãos (de manhã, à tarde e à noite).

* O ***Shemá***, composto de três benditos e três leituras (de manhã e à tarde).

1. Um bendito ao Deus Criador que cria o povo.

2. Um bendito ao Deus Revelador que elege o povo.

3. Três leituras:
Dt 6,4-9: receber o Reino.
Dt 11,13-21: receber a Lei de Deus.
Nm 15,37-41: receber a Consagração.

4. Um bendito ao Deus Salvador que liberta o povo.
* Tudo misturado com Salmos.

Toda a Bíblia é narração, sob a inspiração do Espírito Santo, das experiências concretas de um povo à procura de Deus e da ação desse Deus se revelando a este povo. Por isso, a Bíblia, como principal fonte da fé, deve ser lida no contexto da vida, porém à luz da Tradição e do Magistério, que são a garantia para nós de uma correta interpretação (cf. Dv 2-6; P 372; 1001).